HAWAIIANISCH

KENNTNIS UND VERSTÄNDNIS

Abera Language Kit

HAWAIIANISCH

KENNTNIS UND VERSTÄNDNIS

ALBERT J. SCHÜTZ

Albert J. Schütz ist Professor für Linguistik an der Universität von Hawai'i. Er ist Autor verschiedener Bücher über Fijianisch, unter anderem einer Referenzgrammatik der Standardsprache. Vor kurzen erschienen ist: *The voices of Eden: A History of Hawaiian Language Studies.*

Die Deutsche Bibliothek - CIP-Einheitsaufnahme

Schütz, Albert J.:
Hawaiianisch, Kenntnis und Verständnis
/ Albert J. Schütz. - Hamburg : Abera Verl., 1998
(Abera Language Kit, 1)
ISBN 3-931567-17-6
NE: GT

Englische Originalausgabe: All About Hawaiian

ISBN 3-931567-17-6

Übersetzung aus dem Englischen: HEIDE OTTO.
Satz und Layout: ABERA.
Druck: DATA PROCESSING.

INHALT

EINLEITUNG

Ganz gleich, ob Sie ein *kamaʻāina* (Kind des Landes) oder ein *malihini* (Besucher) sind, auch Sie werden sich sicherlich begeistern für die Attraktionen, für die Hawaiʻi überall bekannt ist: sein paradiesisches Klima, seine Strände und die atemberaubende Landschaft. Hawaiʻi ist jedoch mehr als eine Sammlung landschaftlicher Höhepunkte – es hat eine ganz eigene Kultur. Eine gute Möglichkeit, etwas mehr von dieser Kultur zu erfahren, ist die hawaiianische Sprache.

Obwohl Hawaiianisch nicht mehr überall gesprochen wird, werden Sie auf den Inseln noch überall von dieser Sprache umgeben sein. Ob Sie nun zum ersten Mal hier ankommen oder nur nach einem Urlaub wieder nach Hause zurückkehren: Sie werden begrüßt mit *Aloha!* (Hallo, Willkommen). Wahrscheinlich legt man Ihnen einen Blüten-*lei* (Blütenkette) um den Hals und bringt Sie dann zu dem *wikiwiki* (Schnell-) Bus, der zur Gepäckausgabe des Flughafens fährt. Wohin Sie auch fahren, ob nach *Waikīkī* (Sprudelndes Wasser: es war früher ein Sumpfgelände, das zur Fischzucht genutzt wurde), rund um die Insel oder nur nach Hause, es wird Ihnen auffallen, daß die meisten Orte und Straßen hawaiianische Namen tragen.

Um der Sprache gerecht zu werden, ist es wichtig zu wissen, wie man die hawaiianischen Wörter richtig ausspricht. Wie, beispielsweise, spricht man *Hawaiʻi* richtig aus? Hat der umgedrehte Apostroph mitten im Wort etwas zu bedeuten? Was sollen die Striche über den i's in

Waikīkī? In der Tat handelt es sich nicht um Satzzeichen, sondern um ganz wesentliche Bestandteile des Wortes.

Wenn wir uns der Vergangenheit zuwenden, stehen wir vor neuen Rätseln. Warum, zum Beispiel, schrieben die frühen Forscher *aroha* statt *aloha?* Tatsächlich schrieb man vor 1826 Hawaiianisch mit einigen Buchstaben, die heute nicht mehr benutzt werden: *b, d, r, t* und *v.* Als diese Buchstaben wegfielen, hatten einige Leute das Gefühl, die Sprache sei irgendwie verstümmelt oder minderwertig geworden. In diesem Buch werden Sie sehen, warum das nicht stimmt.

Wir werden Beispiele dafür finden, daß Hawaiianisch, Englisch und Deutsch Wörter voneinander übernommen haben. Dies stellte für jede dieser Sprachen eine Bereicherung des eigenen Vokabulars dar.

Natürlich sollten Sie nicht erwarten, nach dieser kurzen Beschreibung schon perfekt Hawaiianisch sprechen zu können. Der kurze grammatikalische Abriß wird Ihnen aber die Struktur der Sprache deutlich machen, und die Wörterliste wird Sie in das Alltagshawaiianisch einführen, so wie Sie es überall hören oder sehen können.

Mehr noch: ein Blick auf die gegenwärtigen Bestrebungen, die Sprache zu bewahren, wird Ihnen eine Vorstellung davon vermitteln, wie die Zukunft des Hawaiianischen aussehen könnte. Alles, was Sie über das Hawaiianische erfahren, wird Ihnen neue Einsichten verschaffen, und durch das Grundwissen von der Sprache wird Ihr Aufenthalt auf Hawai'i – ob er nur eine Woche oder aber ein Leben lang dauert – bestimmt bereichert.

WOHER KOMMT DAS HAWAIIANISCHE?

Hawaiianisch gehört zur polynesischen Sprachfamilie, die hauptsächlich in einem weiten, als Dreieck zu beschreibenden Raum im zentralen Pazifik verbreitet ist. Hawai'i liegt an seiner nördlichsten Ecke, Neuseeland (Aotearoa), wo Maori gesprochen wird, an der südwestlichen und die Osterinsel (Rapanui) an der südöstlichen Ecke. Polynesisch ist mit vielen weiter westlich gelegenen Sprachen entfernt verwandt, Fijianisch, Madegassisch, Malaiisch und die Sprachen der Philippinen eingeschlossen.

Innerhalb der polynesischen Familie sind die nächsten Verwandten: Tahitianisch, Marquesanisch und Māori; entferntere Verwandte sind Samoanisch und Tonganisch. In diesem Zusammenhang hat »entfernt« keine geographische Bedeutung, sondern bezieht sich auf die Zeit, die vergangen ist, seit aus einer ehemals einheitlichen Sprache die jetzt getrennten Spachen entstanden sind.

Abgesehen von einem möglichen, früheren spanischen Kontakt, der zwar eine spannende, aber bisher unbewiesene Theorie darstellt, erhielt die Außenwelt einen ersten, flüchtigen Eindruck vom Hawaiianischen durch die Veröffentlichung der Tagebücher von Captain James Cook, der mit seiner Mannschaft die Insel Kaua'i am 18. Januar 1778 sichtete. Beim ersten Hören der Sprache waren die Forscher sofort verblüfft von ihrer Ähnlichkeit mit Tahitianisch und Māori, trotz der großen Entfernungen, die die Inselgruppen trennen. Tatsächlich vertraten viele frühe Forscher die Meinung, Hawaiianisch und viele andere pazifische Sprachen seien nur als Dialekte einer einzigen, weitverbreiteten Sprache zu verstehen, des Polynesischen. Diese Ansicht ist verständlich, waren sich doch die unterschiedlichen polynesischen Sprachen damals weit ähnlicher als heute. (Einer der Gründe dafür, warum Tahitianisch sich seitdem so stark verändert hat, ist ein Tabu-System, das *pi'i* genannt wird. Es zwang die Sprache, Wörter, ja sogar Silben zu verändern, die dem Namen eines verstorbenen Häuptlings glichen.)

Der Hauptgrund, Polynesisch als einheitliche Sprache zu verstehen, lag darin, daß Cook und seine Mannschaft, die durch ihre ausgedehnten Aufenthalte auf den Gesellschaftsinseln ein wenig Tahitianisch verstanden, sich auf einer einfachen Ebene mit den Hawaiianern verständigen konnten. Da sie wahrscheinlich lediglich einfache, häufig gebrauchte Wörter benutzten, schienen Ihnen die Sprachen fast identisch zu sein. Deutlich wird die Ähnlichkeit der drei polynesischen Sprachen, wenn Sie beispielsweise die Zahlwörter vergleichen:

	Hawaiianisch	**Tahitianisch**	**Māori**
eins	*kahi*	*tahi*	*tahi*
zwei	*lua*	*piti*	*rua*
drei	*kolu*	*toru*	*toru*
vier	*hā*	*maha*	*whā*
fünf	*lima*	*pae*	*rima*
sechs	*ono*	*ono*	*ono*

sieben	*hiku*	*hitu*	*whitu*
acht	*walu*	*vaʻu*	*waru*
neun	*iwa*	*iva*	*iwa*
zehn	*ʻumi*	*ahuru*	*tekau*

Indes, nicht nur die Zahlen gleichen sich. Viele andere Wörter, insbesondere die häufig benutzten, sind in allen drei Sprachen identisch – zumindest beinahe:

	Hawaiianisch	**Tahitianisch**	**Māori**
Fisch	*iʻa*	*iʻa*	*ika*
Fliege	*lele*	*rere*	*rere*
Frau	*wahine*	*vahine*	*wahine*
Gesicht	*maka*	*mata*	*mata*
Getränk	*inu*	*inu*	*inu*
Hand	*lima*	*rima*	*ringa*
Haus	*hale*	*fare*	*whare*
Haut	*ʻili*	*ʻiri*	*kiri*
Himmel	*lani*	*raʻi*	*rangi*
Kanu	*waʻa*	*vaʻa*	*waka*
Kind	*kamaliʻi*	*tamariʻi*	*tamaiti*
krank	*maʻi*	*maʻi*	*maki*
Macht	*mana*	*mana*	*mana*
Meer	*moana*	*moana*	*moana*
Mond	*malama*	*marama*	*marama*
Nacht	*po*	*pō*	*po*
Person	*kanaka*	*taʻata*	*tangata*
Regen	*ua*	*ua*	*ua*
Schildkröte	*honu*	*honu*	*honu*
Vogel	*manu*	*manu*	*manu*

was?	*aha*	*aha*	*aha*
Zahn	*niho*	*niho*	*niho*

Nach dem ersten Kontakt blieben für mehr als vierzig Jahre ungefähr ein Dutzend Wörterlisten die einzigen Zeugnisse des Hawaiianischen. Sie waren entweder von Forschern und frühen »Aussteigern« gesammelt oder als beiläufige Beobachtungen in Reisebeschreibungen aufgeschriebenen worden. Ernsthafte Untersuchungen der Sprache begannen 1820 mit der Ankunft der protestantischen Missionare aus Neu-England. Diese wußten, daß sie ihrer Aufgabe, die Polynesier zum Christentum zu bekehren, nur gerecht werden konnten, wenn die Hawaiianer in der Lage waren, ihre eigene Sprache zu lesen und zu schreiben.

RECHTSCHREIBUNG UND AUSSPRACHE

ERSTE EINDRÜCKE

Der erste Eindruck, den die Besucher vom Hawaiianischen hatten, war, daß die Sprache einfach und kindlich sei. Dies lag aber nur an ihrer naiven Wahrnehmung einer Sprache, die sich von europäischen Sprachen sehr unterschied. Außerdem, so berichtet ein Beobachter, vereinfachten die Hawaiianer ihre Redeweise, wenn sie mit Fremden sprachen. Diese hörten also kein richtiges Hawaiianisch, sondern eine Art »Fremdensprache«.

Schmeichelhafter – aber ebenso vage – sind die Adjektive, mit denen hawaiianische Laute beschrieben wurden: »weich«, »sanft, mit musikalischem Klang«, »flüssig« und »melodisch«. Im 19. Jahrhundert verglich ein Schriftsteller die Sprache sogar mit Vogelgezwitscher!

Woher kamen solche Beschreibungen? Dafür gibt es zwei mögliche Gründe. Zum einen kennt man im Hawaiianischen, anders als im Deutschen oder Englischen, keine Konsonantenfolgen, darüber hinaus endet jede Silbe auf einem Vokal. Deshalb ist das Verhältnis von Vokalen zu Konsonanten relativ hoch. Zum anderen gibt es im Hawaiianischen keine Zischlaute, was die Sprache bei Sängern sogar noch beliebter als Italienisch macht.

Die Missionare glaubten, der Schlüssel zur Alphabetisierung (und folglich zur Bekehrung) sei in einem zweckmäßigen Alphabet und Schriftsystem zu suchen. Nach einigen Fehlstarts, unter anderem einem Schema, das zwei der Vokale mit Zahlen statt mit Buchstaben beschrieb, entschieden sich die Missionare für eine europäische Schreibweise der Vokale, nicht für die englische. Sie fanden fünf unterschiedliche Laute, die gut zu den lateinischen oder italienischen paßten und mit den fünf Vokalbuchstaben des römischen Alphabets angemessen dargestellt werden konnten.

Noch ein anderer Punkt sprach für dieses System. Es wurde bereits von der tahitianischen Mission benutzt. Bevor man erkannte, wie unterschiedlich die beiden Sprachen wirklich waren, hatte man gehofft, die Hawaiianer würden auf Tahitianisch gedruckte Bücher lesen können.

Nachdem die europäischen Vokalbuchstaben einmal übernommen waren, wurde die Rechtschreibung angepaßt. Die links stehenden Wörter (so geschrieben von einem englischsprachigen Mitglied aus Captain Cooks Mannschaft) wurden zu den rechts stehenden verändert:

neeho	Zahn	*niho*
eihoo	Nase	*ihu*
pahoo	Trommel	*pahu*

Mit den Konsonanten stand die Sache jedoch ganz anders. Einige variierten scheinbar wahllos. Es machte beispielsweise keinen Unterschied, ob ein Wort mit *k* oder mit *t* ausgesprochen wurde. So lautete beispielsweise der Name des siegreichen Häuptlings Kamehameha zunächst *Tamehameha.* Ein früher Missionar beklagte sich gar, daß er den Namen in 12 bis 14 verschiedenen Schreibweisen gesehen hatte. Auf Kaua'i und Ni'ihau scheint man ausschließlich -t benutzt zu haben. Die ersten Wörterlisten, die auf der Basis von Sprachuntersuchungen auf den anderen Inseln entstanden, zeigen dagegen, daß die Beobachter beide Buchstaben benutzten, manchmal gleichmäßig verteilt. Andere sogenannte Paare – *v=w* und *l=r* – lassen sich eher dadurch erklären, daß der Laut weder durch den einen noch den anderen Konsonanten exakt wiederzugeben war. Im englischen wie auch im deutschen Schriftsystem gibt es keine direkte Möglichkeit zur Wiedergabe solcher Laute. Deshalb benutzten die meisten Beobachter den Buchstaben, den sie meinten, gehört zu haben. Dadurch konnte jedoch jedes Wort, das wenigstens einen dieser Problemkonsonanten enthielt, verschieden geschrieben werden. Das wiederum erwies sich als offensichtliches Hindernis bei der Alphabetisierung und als scheinbar unüberwindliche Barriere für die Erstellung eines Lexikons. Dieses Problem konnte jedoch gelöst werden, indem für jede dieser Gruppen ein bestimmter Buchstabe ausgewählt wurde. Mit diesem »Schachzug« wurde das hawaiianische Schriftsystem sehr leistungsfähig, so daß bereits im Jahre 1827 ein

Missionar folgendes zu Papier brachte: »Mit unserem gegenwärtigen Alphabet ist ein 14-jähriger Junge von durchschnittlicher Intelligenz in der Lage, ein perfekter Meister der Rechtschreibung seiner Sprache zu werden und fähig, sie insgesamt richtig zu lesen und zu schreiben.«

Bedenken Sie, wie lange es dagegen dauert, Englisch oder Deutsch »richtig« lesen oder schreiben zu lernen...

Dennoch konnten zwei Laute in der Schriftsprache nicht adäquat wiedergegeben werden, da zur damaligen Zeit für sie noch keine Schreibweise vereinbart worden war. Einer von beiden war der Laut, der die beiden Vokale im Wort *pu'u* (›Hügel‹) trennt.

Der Knacklaut

Dieser Laut entsteht ganz ähnlich wie das *-p* oder *-k*. Er wird aber nicht von den Lippen oder von der Zunge geformt, sondern von den Stimmbändern. Im Englischen und Deutschen ist dieser Laut jedoch kein Konsonantenphonem, sondern er kennzeichnet in diesen Sprachen entweder den Wortanfang vor einem Vokal oder die Fuge in Präfixbildungen bzw. in zusammengesetzten Wörtern, wie z.B. vor [']Acker oder in be[']achten. Im Hawaiianischen hat der Laut einen anderen Rang. Es ist ein echter Konsonant – wie *p, k, l, m* oder ein anderer. Der Knacklaut unterscheidet also Wörter mit verschiedenen Bedeutungen.

Dennoch wurde der Knacklaut selten geschrieben; zum einen vermutlich, weil über seine Schreibweise noch keine Einigkeit bestand, zum anderen, weil er sich von den englischen Konsonanten so sehr unterschied. Ohnehin waren im 19. Jahrhundert die meisten Leser zugleich auch Sprecher der Sprache, für sie war es daher unproblematisch, wenn der Knacklaut fehlte. Den Sinn konnten sie ohne Schwierigkeiten aus dem Zusammenhang des Satzes erschließen.

Auch ohne Illustration würde kein Sprecher des Hawaiianischen Wörter verwechseln, weil sie zu verschiedenen Redeteilen gehören und im Satz niemals an derselben Stelle erscheinen können. Auch deshalb wurde es nicht für nötig gehalten, in diesen Wörtern den Knacklaut zu markieren. Jeder einheimische Sprecher wußte ohnehin, daß er da war.

Für Sprachneulinge gab es nur einen kleinen Hinweis auf die Aussprache einiger Wörter: doppelte Vokale waren nämlich ein ziemlich sicheres Zeichen dafür, daß zwischen ihnen ein Knacklaut lag. Die folgenden Wörter: **He wa-a, He ka-a, He mo-o** sind in Wirklichkeit: **wa'a, ka'a, mo'o.**

Bei einigen Wörtern konnte man jedoch unmöglich vorhersagen, ob ein Knacklaut enthalten war oder nicht; weder doppelte Vokale noch der Zusammenhang wiesen auf diesen Laut hin: *kou* (›dein‹) und *ko'u* (›mein‹) sollen dafür als Beispiel stehen. Aber bereits im Jahre 1823 zeigte ein Apostroph an, daß sich beide Wörter unterscheiden. Die Kennzeichnung mit dem Apostroph setzte sich dann durch und wurde sogar in der Bibelübersetzung verwandt. Heute schreibt man den Knacklaut mit dem umgedrehten Apostroph (').

Jetzt – mehr als eineinhalb Jahrhunderte später – ist es schon deshalb wichtig, diesen Laut auch in der Schriftsprache kenntlich zu machen, da viele Leute eher durch Lesen als durch Hören Hawaiianisch lernen. Der Knacklaut aber ist eben häufig der einzige Unterschied zwischen Wortpaaren, z.B. den folgenden:

mai	von	*ma'i*	krank
moa	Hühnchen	*mo'a*	gekocht

Ein Sprachschüler hat nur dann eine Chance, Wörter mit einer Folge von zwei oder mehr Vokalen richtig auszusprechen, wenn der Knacklaut mitgeschrieben wird.

LANGE VOKALE

Der zweite ungeschriebene Laut bestand genaugenommen aus einer Gruppe von Lauten, nämlich fünf langen Vokalen. ›Lang‹ bedeutet hier, daß die Vokale zwar gedehnt werden, sich ihre Klangfarbe aber kaum ändert. Bei einsilbigen Nomina, Verben oder Adjektiven, wie z.B. *pū,* ›Seeschneckenhaus‹, war es kein Problem, die Vokallänge zu ignorieren, da diese Vokale immer lang gesprochen werden. In zwei- oder mehrsilbigen Wörtern kam es jedoch häufig zu Mißverständnissen, wenn man lange und kurze Vokale verwechselte. Das folgende Beispiel zeigt, wie die Dehnung des Vokals ein Wort völlig verändern kann. Man denke vergleichsweise an die deutsche Aussprache der Wörter ›*weg*‹ oder ›*Weg*‹. (Die langen Vokale werden mit einem waagerechten Strich gekennzeichnet, den man im Hawaiianischen *kahakō* und auf Deutsch *Makron* nennt.)

ʻaina	Mahl	*ʻāina*	Land
kane	Hautkrankheit	*kāne*	Mann
paʻu	Ruß	*paʻū*	Feuchtigkeit
mana	Macht	*māna*	gekaute Masse
ʻoʻō	krähen	*ʻōʻō*	Grabstock

Die folgenden Beispiele vergleichen die damalige und heutige Schreibweise einiger Wörter:

früher:	*He o.*	*He pa.*	*He ka.*
heute:	*ō*	*pā*	*kā*

Diese Symbole – der umgedrehte Apostroph für den Knacklaut und der Strich über dem Vokal für das Makron – wurden früher nur in Lehrmaterialien benutzt, während sie heute schon recht häufig auch auf Straßenschildern, Landkarten und in Veröffentlichungen zu sehen sind. Mit der Schreibweise *Hawai'i, Kaua'i, Kalākaua* und *Waikīkī* haben Sie viel bessere Chancen, die Namen richtig auszusprechen, als wenn man *Hawaii, Kauai, Kalakaua* oder *Waikiki* schreiben würde.

Sie sollten aber noch einige Regeln mehr kennen. Die folgende Liste zeigt, welche Laute den Buchstaben des hawaiianischen Alphabets entsprechen, wobei jedoch zwei Dinge zu beachten sind, wenn Sie das Hawaiianische richtig aussprechen wollen: (1) auch wenn die deutschen Beispiele den hawaiianischen Lauten nahekommen, so entsprechen sie denen nicht ganz; (2) einige Vokale variieren in der Aussprache, je nachdem, ob sie akzentuiert oder unakzentuiert sind, bzw. auch in Abhängigkeit von ihren Nachbarlauten.

Aussprache der Vokale

a	wie in	hat
e	wie in	nett
i	wie in	bin
o	wie in	komm
u	wie in	muß

Jeder dieser Vokale kann auch lang ausgesprochen werden. Dabei unterscheidet er sich in der Klangfarbe nur wenig von dem kurzen, akzentuierten Vokal. Wie oben dargelegt, werden die langen Vokale -ā, -ē, -ī, -ō, -ū mit dem Makron gekennzeichnet.

Einige Vokalkombinationen werden wie Doppellaute (Diphthong) ausgesprochen, wobei die Betonung auf dem ersten Vokal liegt und beide Laute nur eine einzige Silbe bilden:

ai ae *au ao* *ei eu* *oi ou iu.*

Für Englisch Sprechende sind die beiden ersten Paare schwierig auszusprechen, weil sie dazu neigen, *ai* mit *ae* und *au* mit *ao* zu verwechseln, denn im Englischen gibt es für jedes dieser Paare nur einen einzigen Diphthong. Am leichtesten kann man sie unterscheiden, wenn man genau auf den ersten Vokal achtet. Wenn dem *-a* ein *-e* oder *-o* folgt, behält es seinen ursprünglichen Laut. In den folgenden Beispielen wird in eckigen Klammern die richtige Aussprache angegeben.

mae [mae] ›schwächer werden‹ *mao* [mao] ›lindern‹

Wenn dem *-a* ein *-i* oder *-u* folgt, verändert es sich wie in dem englischen Wort *come,* das wir phonetisch [ə] schreiben. Diesen Laut finden wir z.B. in

mai [məi] ›hier‹, ›bei‹ *mau* [məu] ›beständig‹

Diese Veränderung findet sogar dann statt, wenn kein Diphthong da ist, sondern ein *-i* oder *-u* in der nächsten Silbe mit einem weiteren Konsonanten zwischen beiden Vokalen steht:

pali [pəli] ›Abgrund‹ *anu* [ənu] ›kalt‹

Letztlich kann der Vokal diesen Klang auch in einer Folge von *a* - Silben annehmen:

mana [mənə]	Macht
Ka'a'awa [kə'ə'əva]	Ortsname (›Brasse‹)

In unakzentuierten Silben verändert sich *-a* regelmäßig zu -ə . Was die anderen Vokale betrifft, so scheint sich *-o* wenig zu verändern, *-e* wird mehr wie der Vokal in ›*Bett*‹, *-i* wie der Vokal in ›*Bitte*‹ und *-u* wie der Vokal in ›*Butter*‹ gesprochen.

Manchmal (aber nicht immer) hat sogar ein akzentuiertes *-e* den ›*Bett*‹- Klang, wenn es nämlich neben einem *-l* oder *-n* steht, wie z.B. in den Wörtern *hele* (›gehen‹), *mele* (›Lied‹) oder *kenikeni* (›10 Cent‹).

Aussprache der Konsonanten

p	wie in	Spinne	(wenig behaucht)
k	wie in	Akte	(wenig behaucht)
h	wie in	Haus	
m	wie in	Matte	
n	wie in	nein	
l	wie in	Lüge	
w	wie in	Weg (oder wie das englische -w)	
‘	der Knacklaut (wie oben beschrieben)		

Es gibt keine exakt fixierten Regeln für die Aussprache des *-w*. Nach *-o* oder *-u* ähnelt es eher dem englischen [w] als dem deutschen -w. In allen übrigen Fällen achten Sie einfach darauf, wie einheimische Sprecher die Wörter aussprechen.

DER AKZENT

Wenn Sie Hawaiianisch hören, werden Ihnen einige Teile der Wörter vorsätzlich betonter erscheinen als andere. Sie werden also akzentuiert ausgesprochen, wobei die richtige Akzentuierung verbindlichen Regeln unterliegt. Ein Akzent wird gesetzt auf:

1. dem vorletzten Vokal
(wenn alle anderen Vokale kurz sind)
máka Auge *kanáka* Person

2. einem Diphthong (kurz oder lang)
láu Blatt *piláu* faulen
'áina Mahl *'āina* Land

3. einem langen Vokal:
Ka'ū (Ortsname) *man'ō* Hai

Diese Beispiele unterschiedlicher Kombinationen kurzer und langer Vokale sowie von kurzen und langen Diphthongen stehen für verschiedene *Akzenteinheiten*, worunter Bausteine für längere Wörter zu verstehen sind. In den folgenden Beispielen werden diese Einheiten durch Punkte getrennt:

pule.lehua Schmetterling
makua.hine Mutter, Tante

Sie zeigen, daß die Wörter folgendermaßen akzentuiert werden:

púle.lehúa *makúa.híne*

In diesen Fällen wird der letzte Akzent des Wortes (oder Satzes) ein wenig verstärkt. Nebenbei zeigt dieses Wortpaar, daß der erste Akzent in einem fünfsilbigen Wort nicht vorhersagbar ist, auch wenn oft das Gegenteil behauptet wird.

Wir wollen nun einen Blick darauf werfen, wie dieses System bei längeren Wörtern funktioniert. Sehr eindrucksvoll als ganzes Wort ist z.B. der Name der Autobahn, die nach Hanauma Bay und darüber hinaus führt (genannt nach einem hawaiianischen Prinzen und Kongreßabgeordneten):

KALANIANA'OLE

Wenn die Akzenteinheiten markiert werden, ist es viel einfacher:

KALANI.ANA.'OLE

Diese Markierung zeigt, daß auf der vorletzten Einheit jeder Silbe ein Akzent liegt. Wenn wir diese Akzente über den Vokalen schrieben, dann würde das Wort so aussehen:

KALÁNI.ÁNA.'ÓLE

Mit der Markierung der Akzenteinheiten kann auf die Markierung des Akzents selbst jedoch verzichtet werden.

Als markantes Beispiel sei die Bezeichnung für ›Drückerfisch‹ genannt, ein sehr bekanntes Wort, weil es in der letzten Zeile eines sehr populären Liedes vorkommt:

HUMUHUMUNUKUNUKUĀPUA‘A

Fürwahr ein Zungenbrecher für den europäischen Sprecher. Wenn es aber folgendermaßen geschrieben wird:

HUMU.HUMU.NUKU.NUKU.Ā.PUA‘A

fällt Ihnen die Aussprache mit Sicherheit leichter. Jede Einheit wird so akzentuiert, als ob sie ein eigenes Wort wäre. Der letzte Akzent ist, wie schon vorher gesagt, ein wenig stärker als die anderen.

Um den Lesern bei der Aussprache längerer Wörter zu helfen, werden in neueren Ausgaben des *Hawaiian Dictionary* die Akzenteinheiten für jeden Eintrag angezeigt. Auch wir werden diese im folgenden auf die gleiche Weise markieren. Vergessen Sie aber bitte nicht, daß die Punkte kein Teil der Rechtschreibung sind, sondern nur geschrieben werden, um Ihnen bei der richtigen Aussprache der Wörter zu helfen.

Folgende Besonderheit des Hawaiianischen hat frühere Beobachter veranlaßt, die Sprache »kindlich« zu nennen. Häufig werden zwei Silben eines Wortes wiederholt, um damit dessen Bedeutung zu modifizieren. Die neue Form bezieht sich zumeist auf Tätigkeiten, die wiederholt werden, häufig sind oder von vielen Leuten ausgeübt werden.

Dies ist indes kein »kindliches« Merkmal des Hawaiianischen, vielmehr weisen alle polynesischen Sprachen dieses Merkmal auf. Es bereichert den Wortschatz und ermöglicht die Darstellung feiner Unterschiede, die in anderen Sprachen nur durch das Hinzufügen von Sätzen oder Satzteilen bzw. durch die Bildung neuer Wörter darstellbar sind. Als Beispiele mögen stehen:

ku'i	stoßen
ku'i.ku'i	boxen, häufig stoßen
'au	schwimmen
au.'au	baden
ha'i	sagen
ha'i.ha'i	ununterbrochen reden
ma'i	krank
ma'i.ma'i	chronisch krank sein
hoe	paddeln
hoe.hoe	ununterbrochen paddeln

Auch mit dem Präfix *ho'o* kann man im Hawaiianischen eine Wortbedeutung verändern. *Ho'o* hat eine ganze

Reihe von Bedeutungen, die häufigste aber ist *kausativ* (veranlassend). Hierzu folgende Beispiele:

nani	hübsch
***ho'o.**nani*	verschönern
nui	groß
***ho'o.**nui*	vergrößern
ma'e.ma'e	sauber
***ho'o.**ma'e.ma'e*	säubern
pono	korrekt
***ho'o.**pono*	sich korrekt verhalten
hui	Club
***ho'o.**hui*	einen Club bilden
hano.hano	ehrenvoll
***ho'o.**hano.hano*	ehren
luhi	müde
***ho'o.**luhi*	überlasten

Die hawaiianische Grammatik arbeitet zum großen Teil mit Hilfe von kurzen Wörtern oder ›Markern‹, die sich um das wesentliche Wort scharen. Statt beispielsweise (wie u.a. im Englischen) eine Endung hinzuzufügen, um einen Plural zu bilden, stellt das Hawaiianische einen Marker vor das Wort. Das folgende Wortpaar zeigt diese Möglichkeit:

wa'a	Kanu	*nā wa'a*	Kanus

Auch einige andere Wörter, wie *mau, pu'u* oder *po'e,* dienen der Pluralbildung.

Hawaiianische Verben unterscheiden sich noch stärker von englischen oder deutschen. Anstatt zu betonen, *wann* etwas getan wurde, scheint es für das Hawaiianische wichtiger zu sein, *ob* eine Tätigkeit begonnen hat oder beendet wurde. Die Verben werden also nicht nach der Zeit des Geschehens verändert, sondern nach einem Merkmal, das *Aspekt* genannt wird. Dieser betont etwas anderes als die absolute Zeit. Der Aspektmarker *ua* kann beispielsweise die folgende Unterscheidung betonen:

Ola ke keiki.	Das Kind ist gesund.
Ua ola ke keiki	Das Kind ist wieder gesund (war aber vorher krank).

Ua kann auch anzeigen, daß eine Tätigkeit abgeschlossen wurde, wie in:

Ua hele au Ich ging.

Zwei andere Marker, die das Verb umgeben, können genau das Gegenteil ausdrücken, nämlich, daß ein Zustand oder eine Tätigkeit noch nicht abgeschlossen ist.

E hele ana au Ich gehe gerade./Ich werde gehen.

Diese Marker können sowohl für die Vergangenheit als auch für die Zukunft benutzt werden; sie zeigen ganz einfach an, daß eine Tätigkeit nicht beendet wurde. Wenn sie für die Zukunft benutzt werden, machen sie deutlich, daß eine Aktion noch nicht einmal begonnen hat.

Einige Teile der Sprache gehen viel mehr ins Detail als Englisch, Deutsch oder Latein. Die Pronomen kennzeichnen beispielsweise nicht nur Singular oder Plural, sondern auch noch den *Dual* – d.h., sie beziehen sich auf zwei Personen. Zum Beispiel:

ʻoe	du (1)
ia	er, sie, es (Hawaiianisch unterscheidet nicht zwischen weiblich, männlich und sächlich)
ʻolua	ihr (2)
lāua	sie (2)
ʻou.kou	ihr (Plural)
lā.kou	sie (Plural)

Wenn ein Sprecher des Hawaiianischen das dem ›*wir*‹ entsprechende Wort benutzt, dann wissen Sie (der Hörer), ob Sie darin eingeschlossen sind oder nicht.

kāua	du und ich
māua	jemand anders und ich
kā.kou	du, einer oder mehrere andere Leute und ich
mā.kou	zwei oder mehr andere Leute und ich

Im Hawaiianischen gibt es auch zwei Möglichkeiten, ›mein‹ (oder eines der anderen Possessivpronomen) zu sagen, und zwar abhängig von der Art der Beziehung zwischen dem Besitzer und dem Besitz. Der eine Typ wird *Unveräußerlich* (Engl.: inalienable) genannt. Hier hat der Besitzer keine Kontrolle über die Beziehung, und zwar in dem Sinne, daß er sie weder beginnen noch beenden kann. ›Unveräußerliche‹ Beziehungen (innerhalb des Possessivpronomens mit *-o* markiert) beinhalten oft Körperteile, angeborene Qualitäten, Teile eines Ganzen und Verwandtschaft der gleichen Generation (Bruder, Schwester etc.) oder der darüberliegenden Generation (Eltern, Großeltern etc.):

ko'u lima	meine Hand
ko'u kupuna	mein Großvater
ko'u maka	mein Auge
ko'u hoa.hā.nau	mein Vetter
ko'u makua.kāne	mein Vater
kona loko	sein Inneres

Abgesehen von wenigen Dingen mit kultureller Bedeutung (wie Land, Haus oder Kanu) oder solchen, zu denen man eine räumliche oder sonstige enge Beziehung hat (wie Boote, Fahrzeuge, Häuser oder Kleidung), ist die Beziehung zu den meisten Dingen *›Veräußerlich‹* (Engl.: alienable). Kinder, Ehefrau und Enkel gehören auch in diese Kategorie, sie alle werden mit *-a* oder *-ā* markiert:

ka'u puke	mein Buch
ka'u kumu	mein Lehrer
ka'u keiki	mein Kind

ka'u kalo	mein Taro
kāna wahine	seine Frau
kāna ipo	ihr Liebling

Es gibt noch eine dritte Möglichkeit, die Idee von ›mein‹ auszudrücken, eine, die weder *-o* noch *-a* benutzt, sondern *ku'u.* Sie läßt häufig auf Zuneigung schließen:

ku'u ipo	mein Liebling
ku'u lei	mein Kind (lei, ›Blütenkranz‹, wird hier metaphorisch benutzt)

Anders als in den Sprachen, die die Wörter nach ihrem grammatischen Geschlecht ordnen, wie Deutsch oder Französisch, *gehören* im Hawaiianischen die Wörter nicht entweder in die eine Klasse oder in die andere. Stattdessen wird die Wahl zwischen *-a* oder *-o* durch die Beziehung zwischen dem Besitzer und dem Besitz (ob Objekt oder Person) bestimmt. Wenn sich diese Beziehung ändert, so ändert sich auch der Marker des Possessivpronomens. Beachten Sie die folgenden Paare:

ka'u ki'i	mein Bild (das ich besitze)
ko'u li'i	mein Bild (von mir)
ka'u lei	mein Blütenkranz (den ich machte)
ko'u lei	mein Blütenkranz (den ich bekam)

Wortstellung

Die normale Anordnung der Satzglieder im Hawaiianischen ist der deutschen Anordnung entgegengesetzt. In anderen Worten: zuerst kommt das Prädikat, dann folgt das Subjekt:

	[ke hula nei]	*[ka wahine]*
Wörtl.:	[ist tanzend den Hula]	[die Frau]

Nach demselben Muster (wie z. B. auch im Französischen: ›maison blanc‹) folgen die Adjektive den Nomina, die sie näher bestimmen:

He hale ia	Es ist ein Haus.
He hale nui ia	Es ist ein großes Haus.

Die beiden letzten Sätze zeigen eine der Möglichkeiten, im Hawaiianischen einen Satz zu bilden, der im Deutschen das Verb ›*sein*‹ benötigte, denn dafür gibt es keine direkte Übersetzung. In diesem Fall *identifiziert* der Marker *he* etwas als ein Haus. Er kann aber auch eine Eigenschaft anzeigen:

he mai.ka'i	Es ist gut.

(Dieser Satz war zufällig das erste Beispiel für Hawaiianisch in Captain Cooks Tagebuch. Er gibt den Kommentar der Hawaiianer wieder, als sie an Bord der Schiffe Eisen sahen.)

Wenn zwei Begriffe gleichgesetzt werden sollen – wie im Deutschen: *Sie ist die Lehrerin.* – fügt das Hawaiianische beide Satzglieder zusammen und markiert das erste mit *ʻo:*

[ʻO ke kumu]	*[ia]*
Wörtl.: [Ist die Lehrerin]	[sie]

Im Hawaiianischen fehlt, wie in einigen anderen ozeanischen Sprachen auch, die direkte Übersetzung für *haben.* Es benutzt stattdessen verschiedene Possessivkonstruktionen für diesen Begriff:

He hale ***ko*** *lāua*	Sie (2) haben ein Haus
He pō.poki ***kā*** *Pua*	Pua hat eine Katze

Variationen eines Themas

Bisher haben Sie nur recht einfache Sätze kennengelernt. Natürlich gibt es im Hawaiianischen viele Möglichkeiten der Satzerweiterung, um mehr Informationen oder Einzelheiten mitteilen zu können. Ortsangaben werden beispielsweise mit neun Nomina bezeichnet:

luna	oben
lalo	unten
loko	innen
waho	außen
kai	seewärts
uka	landwärts, innerhalb
mua	vorn
waena	in der Mitte
hope	hinter

Wenn diese Wörter mit den Markern *i* und *ma* kombiniert werden, entstehen Präpositionalgefüge, die den Ort oder die Richtung anzeigen, wo sich etwas oder jemand befindet.

i mua	vorwärts
ma loko *o ka hale*	innerhalb des Hauses
ma waho *o ka hale*	außerhalb des Hauses

(Viele englischsprachige Leute auf Hawai'i benutzen die Ausdrücke *ma kai* [›seewärts‹] und *ma uka* [›bergwärts, landeinwärts‹] statt der absoluten Kompaßrichtungen.)

Andere Marker zeigen Richtungen an:

mai	zum Sprecher hin oder auf ein Thema zu
aku	weg vom Sprecher oder Thema
a'e	aufwärts
iho	abwärts

Zum Beispiel:

Hele mai!	Komm her!
Hele aku!	Geh weg!

Diese grammatischen Marker (insgesamt fast 160 Stück) sind die Klammern, die die Verfeinerungen an den einfachen Satz heften.

Einige geben Ort oder Richtung an, andere betonen das Wort, hinter dem sie stehen:

Maui nō ka 'oi!	Maui ist das Beste!
Auē nō ho'i	Was für eine schreckliche Sache!

Um zu zeigen, wie diese Marker funktionieren, lassen Sie uns mit einem ganz einfachen Satz anfangen:

[Noho au] sitze ich	Ich sitze/saß.

(Denken Sie wieder daran, daß die hawaiianische Wortstellung der deutschen entgegengesetzt ist.)

Als nächstes können wir eine Ortsbestimmung hinzufügen:

[Noho au] [ma luna]
Ich saß oben drauf.

Und schließlich wird luna durch eine Possessivkonstruktion näher bestimmt:

[Noho au][ma luna][o ka pō.haku]
Ich saß oben auf dem Felsen.

Zeitbestimmungen fügen weitere Einzelheiten hinzu:

[I nehi.nei][noho au][ma luna][o ka pō.haku]
Gestern saß ich oben auf dem Felsen.

Dasselbe tun auch Demonstrativpronomina:

[I nehi.nei][noho au][ma luna][o kēnā pō.haku]
Gestern saß ich oben auf dem Felsen da (bei dir).

An dieser letzten Hinzufügung sehen wir, daß Hawaiianisch die Welt feiner unterscheidet als Englisch oder Deutsch. Anstatt nur ›*dies*‹ oder ›*jenes*‹ anzuzeigen, unterscheidet Hawaiianisch dreifach:

kēia	dies (hier bei mir)
kē.nā	jenes (da bei dir)
kē.lā	jenes (weder bei mir noch bei dir)

Wie stellt man Fragen?

Wie in vielen Sprachen der Welt, gibt es auch im Hawaiianischen zwei Möglichkeiten, Fragen zu formulieren. Man kann erstens ein Wort benutzen, das gewissermaßen die Frage schon enthält:

aha	was
wai	wer
hea	wo
hia	wie viele

Weil diese Wörter wie Nomina oder andere Inhaltswörter funktionieren, sind es keine Marker, sondern sie treten zusammen mit Markern auf:

He aha kēia?	Was ist das?
'O wai kou inoa?	Wie ist dein Name?
Ma hea?	Wo?
'E hia?	Wie viele?

Die zweite, einfachere Möglichkeit der Bildung eines Fragesatzes ist folgende: man bildet einen Aussagesatz und verändert lediglich den Tonfall. Als Muster für einen Aussagesatz steht:

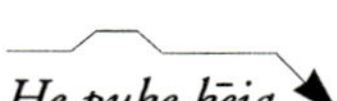

He puke kēia

In diesem Falle ist gemeint: ›Dies ist ein Buch‹. Bei der Veränderung der Aussprache nach dem Muster:

He puke kē.ia?

ist jedoch: ›Ist dies ein Buch?‹ gemeint. Auf diese Weise formuliert man Fragen, die mit *›ja‹ (ʻae)* oder *›nein‹ (ʻaʻole/ʻaʻale)* beantwortet werden.

Natürlich kann diese kurze Einführung nur sehr oberflächlich einen ersten Eindruck der sehr komplexen hawaiianischen Grammatik vermitteln. Für Leser, deren Neugier und Wissensdurst auf diesem Gebiet jedoch nach mehr verlangt, sei auf folgende Bücher verwiesen: *Ka Lei Haʻaheo* und *The Hawaiian Sentence Book.*

Wortschatz

Viele frühe Kritiker des hawaiianischen Wortschatzes bemängelten lediglich dessen Umfang – einige hielten ihn für zu groß, andere für zu klein (!) – und den vorgeblichen Mangel an Gattungsbegriffen. All jenen kann aber berechtigterweise der Vorwurf gemacht werden, an die Sache mit allzu »europäischer« Sichtweise und Gewohnheit herangegangen zu sein. Gerade die Andersartigkeit von Kulturen und Weltbildern ermöglicht Sprache jedoch, verschiedene, vermeintlich »unzureichende« Ausprägungen bezüglich des Wortschatzes zu entwickeln.

Hawaiianischer Wortschatz als Spiegel der Kultur

Es ist schon lange bekannt, daß Hawaiianisch vor allem in den Bereichen reich an Wörtern ist, die für die Sprecher von besonderer Bedeutung sind. Bei der Zusammenstellung von Lexika hat man z. B. eine große Zahl von Begriffen für Taro und Süßkartoffeln gefunden, ebenso für Winde, Wolken und Regen. Auch andere Kategorien sind zahlreich vertreten: Fische, Vögel, Kanus, *kapa* (Rindenbast), Unterhaltung und Spiele, Verwandtschaftsbezeichnungen, Werkzeuge, Waffen und die Götter der einheimischen Religion, um nur einige wenige Beispiele zu nennen.

Für Bibelübersetzer war es schwierig, eine angemessene Übersetzung vom Englischen ins Hawaiianische zu finden, insbesondere bei der adäquaten Übertragung von sinnbildlichen Passagen. Das ist sicher nicht ungewöhnlich; gerade die Aufdeckung dessen, was unter einer oberflächlichen Wortbedeutung liegt, ist wichtig für die richtige Einschätzung einer Sprache als Kunstform, insbesondere in der Dichtung. Jedoch waren im Hawaiianischen symbolhafte Bedeutungsinhalte (genannt: *kaona)* wesentlich verbreiteter als im Englischen. Manchmal war das *kaona* offensichtlich, gelegentlich aber so versteckt, daß nur wenige Leute es erschließen konnten. In der Dichtung kam dem verborgenen Sinn, nach Meinung der Hawaiianer, mehr Bedeutung zu als dem offensichtlichen. Weil heute die Sprache nur noch in begrenztem Umfang gebraucht wird, ist vieles von dem *kaona* der alten Legenden und Gesänge in Vergessenheit geraten.

Englische Wörter im Hawaiianischen

He ki He ka-o

Ein noch größeres Problem für Übersetzer und selbst für die Hawaiianer ergab sich daraus, daß oft keine Wörter zur Verfügung standen, um Objekte und Ideen, die aus der europäischen und amerikanischen Kultur eingeführt wurden, zu bezeichnen. Anfangs tröpfelten nur einige neue Wörter in die Sprache, aber die Missionare, die sich der Bibelübersetzung widmeten, öffneten sozusagen die Schleusentore für Lehnwörter.

Es war keineswegs so, daß im Hawaiianischen keine eigenen neuen Wörter gebildet werden konnten. Sie haben schon zwei solcher Möglichkeiten kennengelernt, und es gibt ganz sicher noch viel mehr. Immer jedoch, wenn zwei Sprachen für längere Zeit aufeinandertreffen, werden geradezu zwangsläufig auch Lehnwörter gebildet.

Den ersten Hinweis auf echte Lehnwörter finden wir schon sehr früh, im Jahre 1791, als ein spanischer Schiffskapitän *›tropi‹* für *›rope‹*, Seil, benutzte. Dieser Ausdruck wurde wahrscheinlich von *ta ropi* abgeleitet, wobei *ta* (heute in den meisten Teilen Hawai'is *ka)* für den bestimmten Artikel steht. Als anderes Beispiel sei *tenu* (vermutlich *tenū)* für ›Kanu‹ genannt.

Zwanzig Jahre später drangen weitere Wörter in die Sprache ein. 1810 finden wir in einer Liste von 400

Wörtern 41, die sich auf neu hinzugekommene Ausprägungen der hawaiianischen Kultur beziehen. Nicht immer handelte es sich um Lehnwörter, in einigen Fällen wurden hawaiianische Wörter einfach der neuen Bedeutung angepaßt. Die folgenden Wörter aber sind echte Lehnwörter, die aus dem Englischen übernommen wurden. Es handelt sich sowohl um allgemeine Hauptwörter als auch um Namen von Personen oder Ländern:

lummee	rum (Rum)
Itseeke	Isaac
tabete	cabbage (Kohl)
Keone	John
Keeme	James
Pritane	England
Williama	William
Merikana	American

Welche Buchstaben werden in den neuen Wörtern benutzt? Es fällt auf, daß einige Konsonanten auftreten, die heute nicht mehr zum hawaiianischen Alphabet gehören: *-b, -r, -s* und *-t.* Dies mag daran liegen, daß den frühen Forschern und »Strandgutsammlern« nur die Normen der Rechtschreibung ihrer eigenen Sprache zur Verfügung standen. Nach 1826, in diesem Jahr wurde das offizielle hawaiianische Alphabet eingeführt, veränderten sich diese Wörter folgendermaßen:

lama	Rum
Ika.'aka	Isaac
kā.piki	cabbage (Kohl)
Keoni	John
Kimo	James
Pele.kania	Britain
Wili.ama	William
'Ame.lika	America

Der auffallendste Unterschied zwischen den hawaiianischen und englischen Formen ist auf den schon erwähnten Umstand zurückzuführen. Im Hawaiianischen gibt es keine nebeneinanderstehenden Konsonanten, und kein Wort kann auf einen Konsonanten enden. Folglich wurde an den betreffenden Stellen immer ein Vokal ein- oder angefügt. Ein klassisches Beispiel dafür ist das Wort für ›Christmas‹ (Weihnachten): *Kaliki. maka.* Das folgende Diagramm zeigt die Beziehung zwischen hawaiianischen und englischen Lauten. Beachten Sie die hinzugefügten Vokale:

k r I s m ə s
ka l i ki m a ka

Wie man sieht, kann so ein zweisilbiges englisches Wort zu einem fünfsilbigen hawaiianischen Wort werden. Die folgenden Beispiele zeigen einsilbige englische Wörter *(pin,* ›Nadel‹, *beef,* ›Rind‹, *horse,* ›Pferd‹ – umgedeutet zu Maultier – und *sheep,* ›Schaf‹), die zu zweisilbigen hawaiianischen Wörtern geworden sind.

He pi-ne	Nadel	*He pi-pi*	Rind
He ho-ki	Maultier	*He hi-pa*	Schaf

In einigen Worten wurde die Konsonantenfolge durch das Weglassen eines Lautes vereinfacht. Dies vor allem dann, wenn die Laute an derselben Stelle gebildet werden, so bei folgenden Wörtern:

'ai.lana	island (Insel)
kaila	style (Stil)

Die Laute -nd und *-st* wurden nicht aufgespalten, sondern vereinfacht.

Ein anderer wichtiger Unterschied ergibt sich einfach aus der relativen Kürze des hawaiianischen Alphabets: es hat nur acht Konsonanten, Englisch dagegen vierundzwanzig. Ähneln sich die hawaiianischen und die englischen Laute, so sind auch die Lehnwörter leicht zu erkennen:

maine	mine	(Bergwerk)
malina	marine	(Marine-, Meeres-)
moni	money	(Geld)
numo.nia	pneumonia	(Lungenentzündung)

Vielen hawaiianischen Lehnwörtern hört man dagegen nicht mehr ihre Abstammung von englischen Wörtern an. Das *-k* des Hawaiianischen muß z.B. 11 verschiedene englische Konsonanten ersetzen. Diese Laute werden in den nachfolgenden Wörtern fett gedruckt:

time	see	church
dime	zoo	keep
thigh	measure	go
then	judge	

Betrachten Sie beispielsweise das Wort *kī* . Es steht für einige einheimische Bedeutungen und ist gleichzeitig die Lehnform für die englischen Wörter *key* (Schlüssel), *tea* (Tee) und *Gee* (du lieber Himmel!).

Hawaiianische Wörter im Englischen

Wenn zwei Sprachen miteinander Kontakt haben, so entstehen Lehnwörter selten nur in einer der beiden Sprachen. Polynesische Wörter werden seit mehr als zwei Jahrhunderten im Englischen benutzt, meist sind wir uns dessen allerdings nicht bewußt. Zwei Wörter sind hervorzuheben: *taboo (Tabu),* vom tonganischen *tapu,* und *tattoo (Tätowierung),* vom tahitianischen *tātau.* (Die hawaiianischen Versionen sind *kapu* und *kā.kau.)*

Gewöhnlich werden Wörter nur entlehnt, wenn für sie auch Bedarf besteht. Aus Sicht der englischen Sprache gab es offensichtlich einen Bedarf zur Bildung hawaiianischer Begriffe für die Bezeichnung von Pflanzen, Tieren und Meereslebewesen sowie von Aktivitäten und Objekten, die für die hawaiianische Kultur spezifisch sind. Die folgenden Begriffe stehen für solche, die vielleicht im Alltagsenglisch nicht benutzt werden, aber ihren Weg in umfassende Lexika gefunden haben.

Fische

ʻahi	Gelbflossiger Thunfisch
aku	Bonito
akule	Großäugiger Skad (kleiner Salzwasserfisch)
walu	Ölfisch

Vögel

'ele.paio	Fliegenschnäpper
nē.nē	Hawaiianische Gans
'i'iwi	Roter Honigsauger

Pflanzen

nau.paka	eine Buschart
limu	Algen, Moos
ha	Hibiscus tiliaceus
hala	Schraubenpalme (Pandanus)

Geologische Erscheinungsformen

'a'ā und	
pā.hoe.hoe	verschiedene Lavatypen

Kultur

hā.nai	adoptiert
heiau	Gebetsterrasse oder Plattform
kā.hili	Federstandarte
'au.makua	persönlicher Gott
maka.hiki	jahreszeitliches Fest
mana	Macht
kahuna	Priester, Experte

Wörter und Ausdrücke, die dem Besucher wahrscheinlich begegnen

He ha-le (Haus) **He la.** (Sonne)

Auch wenn die oben genannten Lehnwörter als solche anerkannt sind, und man sie in umfangreichen englischen Lexika finden kann, so sind es doch meist nur Wörter, die von Spezialisten genutzt werden. Das auf den Inseln gesprochene Alltagsenglisch aber enthält viele andere hawaiianische Wörter und Sätze. Am häufigsten handelt es sich um Ortsnamen.

Ortsnamen

Jedermann auf Hawai'i nutzt Ortsnamen, und die meisten dieser Namen sind hawaiianischen Ursprunges. Einige sind so alt, daß man ihre ursprüngliche Bedeutung nicht mehr kennt, die meisten der heute noch genutzten Ortsnamen aber können gewöhnlich erklärt werden. Manchmal erinnert ein Name an Helden aus der hawaiianischen Mythologie, z.B. an Pele, der Vulkangöttin; so ist eine Straße in Honolulu nach Pele benannt. Oft aber bestimmt ein Landschaftsmerkmal den Ortsnamen. Die folgende Liste nennt einige der am häufigsten benutzten Wörter:

'aina	Land
ala	Weg, Pfad
ana	Höhle
ao	Wolke
awa	Hafen
hale	Haus
hana/hono	Bucht
honua	Land
'ili.'ili	Kiesel
kai	Meer
kahua	Gelände
Kāne	Gott Kāne
kua	Höhenzug
kukui	Kerzennußbaum
kula	Ebene, Hochland
lae	Punkt

lua	Grube, zwei
mauna	Berg
moana	Meer
moku	Insel
olo	Hügel
one	Sand
niu	Kokosnuß
pā	Einzäunung
pali	Abhang, Klippe
papa	Ebene
pō.haku	Felsen
po'o	Kopf, Gipfel
pua	Blume, Blüte
pua'a	Schwein
puka	Loch
puna	Quelle
pu'u	Hügel
wa'a	Kanu
wai	Wasser

Viele Ortsnamen werden durch die Kombination dieser Wörter gebildet. Genannt seien *Ala Wai,* ›Weg am Wasser/Kanal‹, *Ala Moana* , ›Weg am Meer‹, oder *Mauna Lani* ,›Himmlischer Berg‹. Sehr häufig werden diese Wörter durch folgende Adjektive noch näher bestimmt. Zum Beispiel:

'ele.'ele	schwarz
hou	neu
iki	klein

kapu	verboten
nani	hübsch
kahiko	alt, antik
kai	Meer
kea	weiß
lani	himmlisch
loa	lang, groß
mea	rot
nui	breit
uka	innen
'ula	rot

Also heißt *Mauna Kea* ›Weißer Berg‹, *Mauna Loa* ›Langer Berg‹, *Puna.hou* ›Neue Quelle‹, *Wai.loa* ›Langes Wasser‹ und *Pu'u.loa* ›Langer Hügel‹. Erinnern Sie sich aber daran, daß diese Wörter hinter dem Begriff stehen, den sie näher erläutern. In einigen Ortsnamen ist dies allerdings anders, diese sind dann nach englischem Muster gebildet worden, nicht nach der hawaiianischen Struktur. Wenn also zum Beispiel *Lani.kai* für ›Himmlisches Meer‹ steht, so müßte es eigentlich *Kai.lani* heißen.

Meist falsch ausgesprochene Ortsnamen

Ortsnamen bieten vielleicht die beste Möglichkeit, die Aussprache hawaiianischer Wörter zu erlernen. Sie sollten versuchen, so genau wie möglich zu sein. Die folgende Liste zeigt Ihnen die häufigsten Fehler, die fremdsprachige Personen machen, wenn sie Hawaiianisch sprechen (sogar solche, die schon lange auf Hawai'i leben):

1. Oft wird der Knacklaut ausgelassen. Ein Beispiel: *Kauai (cow-eye!,* ›Kuhauge‹) statt *Kau.aʻi.*
2. Lange Vokale werden ignoriert; es sei denn, das Akzentmuster ist anders als erwartet (dennoch bleibt die fast schon übliche, falsche Aussprache von *Kū.hiō* als *Kuhío* ein Rätsel). Wir sprechen scheinbar den langen Vokal in der letzten Silbe von *Waikīkī* richtig aus, weil der Akzent an dieser Stelle unerwartet ist, das lange *-ī* in der Silbe davor dagegen nicht.
3. Unakzentuierte Vokale werden oft zu *uh* [ə]. Diese Veränderung ist zwar normal für das *-a,* nicht aber für andere Vokale. So sagt man *Mólə.kai* anstatt *Molo.kaʻi.*
4. Unakzentuierte Vokale werden aber manchmal auch völlig weggelassen:

   Kiə.moku anstatt *Keʻe.au.moku.*
5. Das *-h* in einer unakzentuierten Silbe wird ebenfalls nicht selten ausgelassen, dann steht *Kəmea. mea* anstelle von Kameha.meha.
6. Nach englischem Muster wird ein unakzentuiertes *-e* am Ende wie *-i* ausgesprochen: *Lihui* statt *Lī.huʻe.*
7. Bei Wörtern mit *-a* besteht die Neigung, den Vokal wie in dem Wort *›cat‹* (Katze) auszusprechen, aber dieser Laut existiert im Hawaiianischen gar nicht. Oft tritt dieser Fehler beim ersten Vokal im Straßennamen *Kapiʻo.lani* auf.

Es bietet sich an, zunächst die Aussprache der Inselnamen zu lernen. Von den großen Inseln ist Maui die einzige ohne Knacklaut. Von Nord nach Süd heißen die Inseln:

Kau.a'i	nicht	*Káuai*		
Ni'i.hau	nicht	*Nī.hau*		
O'ahu	nicht	*Owahu*		
Molo.ka'i	nicht	*Mólə.kai*		
Lā.na'i	nicht	*Lənai*		
Kaho'o.lawe	nicht	*Káho.lawe*		
Hawai'i	nicht	*Hawai*	oder	*Hawaia*

(Sie müssen genau hinhören und dann selbst entscheiden, ob der Laut für *-w* mehr dem deutschen oder dem englischen *-w* ähnelt.

Die folgende Liste zählt häufig falsch ausgesprochene Ortsnamen der Insel O'ahu auf:

Jeder Name mit *Āina*
und alle folgenden:

	Mā.noa
'Ā.lewa	*Mō.'ili'ili*
Ha'ikaū	*Nā.nā.kuli*
Hā.lawa	*Pā.lama*
Hale.'iwa	*Pā.lolo*
Kalā.heo	*Pō.ka'ī*
Kāne.'ohe	*Puna.lu'u*
Kapā.lama	*Wahi.awā*
Lā.'ie	*Wai.'alae*

Mā.‘ili	*Wai.kī.kī*
Mā.kaha	*Wai.pi‘o*

Auch die folgenden Straßennamen in Honolulu werden oft nicht richtig ausgesprochen:

‘Ena	nicht	*‘Ina*
Ka‘iu.lani	nicht	*Kaiə.lani*
Kalā.kaua	nicht	*Kalə.kawa*
Kalani.ana.‘ole	nicht	*Kalani.ana.oli*
Kapi‘o.lani	nicht	*Cápiə.lani*
Ke‘e.au.moku	nicht	*Kiə.moku*
Kī.lau.ea	nicht	*Kilə.wea*
Kū.hiō	nicht	*Kuhío*
Lili‘u.oka.lani	nicht	*Lilly.kəlani*

ALLTAGSWÖRTER

Die Einwohner von Hawai'i benutzen auch im Alltag viele hawaiianische Wörter und Redewendungen, wobei sie oftmals vergessen, daß gerade Auswärtige diese nicht verstehen. Hier sind die gebräuchlichsten:

A hui hou.	Auf Wiedersehen.
A hui hou aku.	Auf Wiedersehen. (Antwort)
'Ā.'oia.	Das ist richtig.
E kala mai ia'u.	Entschuldigung.
E 'olu.'olu 'oe.	bitte
'Ewa	westlich, in Richtung 'Ewa
hana	Arbeit
Hana hou	Mach das noch einmal
hila.hila	peinlich
ho'o.mali.mali	übertriebene Schmeichelei (heute seltener als früher)
ho'o.pono.pono	Familienzusammenkunft zur Streitschlichtung
huki.lau	Schleppnetzfischen
hula	Tanz mit Gesang
kama.'āina	Einheimischer
kāne	Mann, männlich
koa	Hartholzart
kō.kua	Hilfe
kolohe	ungezogen
kukui	Kerzennuß
kule.ana	Bereich, Privileg, Verantwortung

lā.nai	Veranda, Terrasse
lei	Girlande, Kranz
lua	Toilette
lū.'au	Fest
Mahalo.	danke
mai.ka'i	gut
ma kai	seewärts
mali.hini	Neuankömmling
ma uka	bergwärts
mele	Lied
mu'u.mu'u	langes Kleid
'ohana	Familie
'ono	köstlich
pau	fertig
pau hana	Feierabend
Pehea'oe?	Wie geht's?
pili.kia	Problem
pono	richtig, ordentlich
puka	Loch (Perforation)
pū.pule	verrückt
wahine	Frau, weiblich

Hawaiianische Speisekarte

He mo-a

Auch auf Speisekarten werden Sie sicher hawaiianische Begriffe finden, denn viele Restaurants bieten eine Auswahl hawaiianischer Gerichte an. Folgende Begriffe für Speisen werden Ihnen bestimmt begegnen:

Vorspeisen

pū.pū
So nannte man früher ein Gericht, das zusammen mit dem traditionellen Getränk *'awa* gereicht wurde. Heute wird damit das Hors d'oevre bezeichnet.

lomi.lomi salmon
Gesalzener Lachs mit Zwiebeln und Tomaten, heute gehackt, ursprünglich mit der Hand zerkleinert *(lomi.lomi,* ›Massage‹).

poke
Gewürfelter, marinierter und gewürzter roher Fisch (*poke* , ›in Scheiben geschnitten‹)

limu
eßbare Algen

huli.huli	gegrillte oder gekochte Spießchen, z.B. Hähnchen. *Moa ho'ohulihuli* heißt das auf diese Weise zubereitete Hähnchen. (*huli,* ›drehen‹)

i'a Fisch.

Einige der häufigen Sorten:

aku	Skipjack
a'u	Schwertfisch
mahi.mahi	Delphinfisch (kein Delphin!)
'ō.pelu	Makrelenskad
walu	Ölfisch

pua'a	Schweinefleisch
kā.lua	*pig, chicken, turkey*, im Erdofen (*imu)* gebackenes Fleisch oder Geflügel
lau.lau kālua	Schweinefleisch (oder Hähnchen) und Butterfisch, in *kalo,* ›Taro‹-Blätter, gewickelt und gebacken.
mana.pua	Chinesische Schweinefleischpastete (entstanden aus: *mea 'ono pua'a,* ›köstliche Sache aus Schweinefleisch‹)
moa	Hähnchen
moa me ka laiki loloa	Hähnchen mit Glasnudeln
pipi	Rindfleisch
pipi kaula	Dörrfleisch
'o.pu pipi	Kuttelneintopf

Stärkehaltige Speisen

kalo	Taro
uhi	Jamswurzel
poi	Taromus
laiki	Reis
ʻuala	Süßkartoffeln

Desserts

hau.pia	kalter Pudding aus *pia,* ›Pfeilwurz‹, oder Maisstärke und Kokosnußcreme
kū.lolo	Pudding aus gekochtem *kalo,* ›Taro‹, und Kokosnußcreme

Getränke

mai.tai lama	Rum mit Fruchtsaft
ʻokole.hau	Schnaps aus *kī* (›Ti‹) Wurzeln
pia	Bier
waina	Wein

Und wie hat Ihnen das *mea.ʻai* (›Essen‹) geschmeckt? Zwei sehr häufige Antworten sind:

ʻOno!	Köstlich!
Mā.ʻana/Mā.ʻona!	Voll und ganz zufrieden!

Wörter in hawaiianischer Lyrik

Auch in Hawai'i gilt: Voller Bauch studiert nicht gern, weswegen nach Erfüllen aller kulinarischen Pflichten gerne der Sangeskunst gefrönt wird. Seien die Liedtexte ganz in Hawaiianisch oder eine Mischung von Hawaiianisch und Englisch *(hapa haole),* sicher werden einige der folgenden Wörter in den Liedern zu hören sein.

'a'ala	Duft
ahi.ahi	Abend
akua	Gott
aloha	Liebe
ā.nue.nue	Regenbogen
au	ich
Au.ē!	Oh weh!
'awa.puhi	Ingwer
ha'a.heo	stolz
hala	Schraubenpalme
hano.hano	geehrt
hau	Tau
hemo.lele	prächtig
hoa.pili	guter Freund
ho'i mai	zurückkehren
honi	Kuß
'ī.lima	Die Blume von O'ahu
inoa	Name
ipo	Liebling
kahiko	uralt
kali	warten

kani	klingen
kila.kila	majestätisch
kō.nane	glänzend, hell
ku'u home	mein Heim
lā.hui	Rasse, Nation
lani	himmlisch, königlich
lehua	Blüte
lei	Girlande, Kranz
lele	fliegen
leo	Stimme
lewa	Himmel
lima	Hand
loke, rose	Rose
maha	ausruhen
mahina	Mond
maile	Ranke für traditionellen *lei*
maka	Auge, Gesicht
makani	Wind
make.make	wünschen
makua	Elternteil
mā.lama	gern haben, sich kümmern
mā.lie	ruhig
malu	Schatten
mana'o	Gedanke
manawa	Zeit
manu	Vogel
mau	beständig
mea	Ding
mele	Lied
mili.mili	geliebt
mō.'i	Herrscher

moki.hana	*lei* von Kauaʻi
nahe.nahe	zärtlich, sanft, süß
nani	hübsch
noe	Nebel
noho	bleiben, sitzen, verweilen
ʻoe	du
ola	Leben, leben
ʻole	ohne
ʻolu.ʻolu	kühl, angenehm
ona.ona	duftend, mild
pane	Antwort
pī.kake	Jasmin, von *peacock*
pili	festhalten, treu sein
pō	Nacht
poina	vergessen
poina ʻole	unvergeßlich
pono	richtig
pua	Blume, Kind
pume.hana	warm, herzlich
puʻu.wai	Herz
sila	Siegel
ua	Regen
uʻi	schön
wai	Wasser
waiho	verlassen
wai.lele	Wasserfall
wale nō	nur

Viele Hotels tragen hawaiianische Namen, die sich häufig auf die Gegenden beziehen, in denen sich das Hotel befindet: *Mauna.Kea, Mauna.Loa, Po'i.pū, Wai.kīkī.* Der hawaiianische Begriff ist manchmal mit einem englischen Wort kombiniert, das sich auf das Inselleben oder die königliche Familie bezieht: *Banyan* (B.-Baum), *Beach* (Strand), *Breakers* (Brecher), *Coconut* (Kokosnuß), *King* (König), *Ocean* (Ozean), *Palm* (Palme), *Prince* (Prinz), *Princess* (Prinzessin), *Queen* (Königin), *Reef* (Riff), *Sands* (Strand), *Shores* (Küsten). Folgende hawaiianische Wörter werden ebenfalls oft für Hotelnamen genutzt:

ala	Weg
ali'i	Häuptling
aloha	aloha
huki.lau	Schleppnetzfischen
'ili.kai	Meeresoberfläche
'ī.lima	Blume von O'ahu
kai	Meer
kau.lana	berühmt
koa	Hartholzbaum (hawaiianisches Mahagoni)
lā.nai	Terrasse
lani	himmlisch
le'a.le'a	fröhlich, sexy
maile	Ranke für traditionellen *lei*
mauna	Berg

moana	Meer
nani	hübsch
pua	Blume
wai	Wasser
pū.nā.wai	Quelle

DIE ZUKUNFT DER HAWAIIANISCHEN SPRACHE

Vom Ende des neunzehnten bis zur Mitte des zwanzigsten Jahrhunderts kam es zu einer Reihe von Entwicklungen, die zu einem deutlichen Rückgang der Zahl der Hawaiianisch sprechenden Bewohner führte. Dazu zählen die Konkurrenz des Englischen, die Verringerung der hawaiianischen Bevölkerung, die Annexion durch die USA sowie politische Entscheidungen des Bildungsministeriums. Manche Beobachter schätzen, daß höchstens noch tausend Hawaiianisch Sprechende heute auf Hawai'i leben, viele davon ältere Menschen. In den letzten zwei Jahrzehnten setzte jedoch eine Renaissance von Sprache und Kultur ein, so daß diese Entwicklung gestoppt oder zumindestens verlangsamt wurde.

Eines der wichtigsten Ergebnisse dieser Renaissance sind die sogenannten *Nā Pū.nana Leo* (Sprachnester). Die Idee für solche ›Sprachnester‹ wurde in der Maori-Gemeinschaft auf Neuseeland geboren. Sie bieten für Kinder zwischen drei und fünf Jahren die Möglichkeit, völlig in die Sprache einzutauchen, 10 Stunden am Tag, 5 Tage in der Woche nur Hawaiianisch zu hören und zu sprechen. 1992 waren 131 Kinder in den *Punana Leo* -Schulen eingeschrieben.

Nach der Einschulung können diese Kinder im normalen Schulsystem ihre Sprachfähigkeiten aufrechterhalten und vertiefen, denn an den Grund- und Höheren Schulen gibt es ähnliche Programme. Ende 1995 besuchten ungefähr 3000 Schüler die *Pā. nana Leo* oder andere Schulen, in denen der Unterricht auf Hawaiianisch erteilt wird. Nach einem Tiefpunkt am Anfang der 60er Jahre sind auch an den Hochschulen die Einschreibungen für hawaiianische Sprachkurse wieder deutlich angestiegen. Dies führt u.a. zu dem erfreulichen Umstand, daß Hawaiianisch heute auf dem Campus der Universität von Hawai'i wieder zu hören ist.

Keine Sprache aber kann im Vakuum überleben. Die Renaissance des Hawaiianischen hat nicht nur der Sprache neues Leben eingehaucht, sondern auch der Kultur. Eine der bedeutendsten Entwicklungen der letzten Jahre ist das gestiegene Interesse am traditionellen Hula-Tanz, besonders gefördert durch Ausbildung an *nā hā.lau* (Hula-Schulen) und deren Aufführungen. Für die Einwohner stellen diese Tanzkurse und -veranstaltungen, ebenso wie die Sprachprogramme für alle Altersgruppen, eine Gelegenheit dar, sich zu treffen und Hawaiianisch zu sprechen. In diesem lebendigen, lebensnahen Kontext erhält die Sprache die Chance, sich wie ein lebender Organismus zu verändern und zu entwickeln.

DEUTSCH-HAWAIIANISCHE WÖRTERLISTE

Abend	*ahiahi*
Abgrund	*pali*
acht	*walu, ʻewalu*
adoptiert	*hānai*
Alge	*limu*
Antwort	*pane*
Arbeit	*hana*
auf Wiedersehen	*a hui hou (aku)*
auf ... zu	*ma, i*
aufwärts	*aʻe*
Auge	*maka*
außerhalb	*waho*
baden	*ʻauʻau*
Behälter	*kā*
bei	*mei*
Berg	*mauna*
Bergwerk	*maine*
berühmt	*kaulana*
beständig	*mau*
Besucher	*malihini*
Bier	*pia*
Bild	*kiʻi*
bitte	*e ʻoluʻolu ʻoe*
Blatt	*lau*
bleiben	*noho*
Blume	*pua*
Bonitofisch	*aku*
boxen	*kuʻikuʻi*

breit	*nui, loa*
Buch	*puke*
Bucht	*hana, hono*
Club	*hui*
das Beste	*ʻoi*
das Innere	*uka*
dein	*kou*
Delphinfisch	*mahimahi*
der, die, das	*ka, ke*
dies	*kēia*
Ding	*mea*
Dörrfleisch	*pipi kaula*
drehen	*huli*
drei	*kolu, ʻekolu*
Drückerfisch	*humuhumunukunukuāpuaʻa*
du	*ʻoe*
du meine Güte	*kī*
duftend	*ʻaʻala, onaona*
Ebene	*kula, papa*
Ehefrau	*wahine*
ehren	*hoʻhanohano*
ehrenvoll	*hanohano*
Eidechse	*moʻo*
einen Club bilden	*hoʻohui*
einheimisch	*kamaʻāina*
eins	*kahi, ʻekahi, hoʻokahi*
Einzäunung	*pā*
Elternteil	*makua*
entschuldigen Sie bitte	*e kala mai iaʻu*
er	*ia*

Erdofen	*imu*
Erholung	*maha*
erörtern	*ha'iha'i*
es	*ia*
etwas bewirkend	*ho'o*
Experte	*kahuna*
Familie	*'ohana*
Federstandarte	*kāhili*
Feierabend	*pau hana*
Felsen	*p'ōhaku*
fertig	*pau*
Fest	*lū'au*
festhalten	*pili*
Feuchtigkeit	*pa'ū*
Fisch	*i'a*
fischen (Schleppnetz)	*hukilau*
fliegen	*lele*
Fliegenfänger	*'elepaio*
Frau	*wahine*
frech	*kolohe*
Freund	*hoa pili*
fröhlich	*le'ale'a*
fünf	*lima, 'elima*
Gabel	*'ō*
Gans	*nēnē*
Gebetsplattform	*heiau*
Gebiet	*kuleana*
Gebirgszug	*kua*
gebraten	*hulihuli*
Gedanke	*mana'o*

gegrillt	*hulihuli*
gehen	*hele*
gekaute Masse	*māna*
gekocht	*mo'a*
Gelände	*kahua*
gelbflossiger Thunfisch	*'ahi*
Geld	*moni*
geliebt	*milimili*
gemütlich	*'olu'olu*
Gesicht	*maka*
gestern	*i nehinei*
Getränk	*inu*
Girlande, Kranz	*lei*
glänzend	*kōnane*
Gott	*akua*
Grabstock	*'ō'ō*
groß	*loa*
groß	*nui*
großäugiger Skadfisch	*akule*
Großelternteil	*kupuna*
Grube	*lua*
grubengebacken	*kālua*
gut	*maika'i*
Hafen	*awa*
Hähnchen auf Glasnudeln,	*moa me ka laiki loa*
Hähnchen	*moa*
Hai	*manō*
hallo	*aloha*
Hand	*lima*
Häuptling	*ali'i*

Haut	*‘ili*
Hautkrankheit	*kane*
Hawaiianisch-Europäische Mischung	*hapa haole*
Heim	*home*
Herrscher	*mō‘ī*
Herz	*pu‘uwai*
Hibiscus tiliaceus	*hau*
hier	*mai*
hierher	*mai*
Hilfe	*kōkua*
Himmel	*lani, lewa*
himmlisch	*lani*
hinter	*hope*
Hochland	*kula*
Höhle	*ana*
hübsch	*nani*
Hügel	*olo, pu‘u*
Hula-Schule	*hālau*
ich	*au*
ihr (pl.)	*‘oukou*
ihr (2)	*‘olua*
Ingwer	*‘awapuhi*
innen	*loko*
Insel	*‘ailana, moku*
ja	*‘ae*
jahreszeitl. Feier	*makahiki*
Jasmin	*pīkake*
jenes (da hinten)	*kēlā*
jenes (bei dir)	*kēnā*
Kanu	*wa‘a*

Karre	*ka'a*
Kerzennuß	*kukui*
Kiesel	*'ili'ili*
Kind	*keiki, lei, pua, kamali'i*
Kleid (lang)	*mu'umu'u*
klein	*iki*
klingen, läuten	*kani*
Klippe	*pali*
Kohl	*kāpiki*
Kokosnuß	*nui*
königlich	*lani*
Kopf, Gipfel	*po'o*
köstlich	*'ono*
krähen	*'o'o*
krank	*ma'i*
krank (chronisch)	*ma'ima'i*
kühl	*anu'olu'olu*
Kuß	*honi*
Kuttelneintopf	*'ōpū pipi*
Lachs (püriert)	*lomilomi salmon*
Land	*'āina, honua*
landeinwärts	*uka*
Landeskind	*kama'āina*
lang	*loa*
Langkornreis	*laiki loloa*
Lava (Typen)	*'a'a, pāhoehoe*
Leben	*ola*
Lehrer	*kumu*
lieb haben	*mālama*
Liebe	*aloha*

liebevoll	*pumehana*
Liebling	*ipo*
Lied	*mele*
lindern	*mao*
Loch	*puka*
Lungenentzündung	*numonia*
Macht	*mana*
Mahagoni	*koa*
Mahlzeit	*'aina*
majestätisch	*kilakila*
Makrelenskadfisch	*'ōpelu*
Makron	*kahako*
Mann	*kāne*
männlich	*kāne*
Marine, Meeres-	*malina*
Massage	*lomilomi*
Maultier	*hoki*
Meer	*moana, kai*
Meeresfrüchte	*poke*
Meeresoberfläche	*'ilikai*
Meeresschneckenhaus	*pū*
mein	*ko'u, ka'u, ku'u*
Mine	*maine*
mittleres	*waena*
Mond	*malama, mahina*
Moos	*limu*
müde	*luhi*
Mutter	*makuahine*
nach unten	*iho*
Nacht	*pō*

Nadel	*pine*
Nahrung	*mea'ai*
Name	*inoa*
Nation	*āhui*
Nebel	*noe*
Nest	*pūnana*
Neuankömmling	*malihini*
neun	*iwa, 'īlima*
nur	*wale nō*
oben	*luna*
Oh weh !	*auē*
ohne	*'ole*
Ölfisch	*wahu*
paddeln	*hoe*
peinlich	*hilahila*
Person	*kanaka*
persönlicher Gott	*'aumakua*
Pfad	*ala*
Pfeilwurzpudding	*haupia*
prächtig	*hemolele*
Priester	*kahuna*
Privileg	*kuleana*
Punkt	*lae*
Quelle	*puna*
rechts	*pono*
Regen	*ua*
Regenbogen	*ānuenue*
Reis	*laiki*
richtig, so ist es	*'ā'oia*
richtig, ordentlich	*pono*

Rindenbast	*kapa*
Rindfleisch	*pipi*
Rose	*loke, rose*
rot	*ula, mea*
Roter Honigsauger	*ʻiʻiwi*
ruhig	*mālie*
Rum	*lama*
Rum-Fruchtsaftcocktail	*maitai*
Ruß	*paʻu*
sich unterhalten	*haʻihaʻi*
sich benehmen	*hoʻopono*
sagen	*haʻi*
Sand	*one*
sanft	*nahenahe*
sanft	*nahenahe, onaona*
sauber	*maʻemaʻe*
Schaf	*hipa*
Schatten	*malu*
Schildkröte	*honu*
Schlichtungskonferenz	*hoʻoponopono*
Schlüssel	*kī*
Schmeichelei	*hoʻomalimali*
Schmetterling	*pulelehua*
schnell	*wikiwiki*
schön	*uʻi*
Schöpfgefäß	*kā*
Schraubenpalme	*hala*
Schule	*kula*
schwarz	*ʻeleʻele*
Schwein	*puaʻa*

Schweinefleischpastete	*manapua*
Schwertfisch	*a'u*
schwimmen	*'au*
schwinden	*mae*
sechs	*ono, 'eono*
seewärts	*ma kai*
sein	*kāna, kona*
sexy	*le'ale'a*
sie (pl.)	*lākou*
sie (2)	*lāua*
sie	*ia*
sieben	*hiku, 'ehiku*
Siegel	*sila*
sitzen	*noho*
Skipjack	*aku*
Sonne	*lā*
Sorgen, Ärger	*pilikia*
Speise	*pā*
Sprudelndes Wasser	*waikīkī*
Stil	*kaila*
Stimme	*leo*
stolz	*ha'aheo*
stoßen	*ku'i*
süß	*nahenahe*
Süßkartoffel	*'uala*
Tabu	*kapu*
Tante	*makuahine*
Tanz mit Gesang	*hula*
Taro	*kalo*
Taroblätter	*laulau*

Taropaste	*poi*
Taropudding	*kūlolo*
Tätowierung	*kākau*
tatsächlich	*hoʻi ē, nō*
Tau	*hau*
Tee	*kī*
Terrasse	*lānai*
Ti-Wurzelschnaps	*ʻokolehau*
Tintenfaß	*ipu ʻinika*
Toilette	*lua*
Trommel	*pahu*
überlastet	*hoʻoluhi*
übertragene Bedeutung	*kaona*
unaufhörlich paddeln	*hoehoe*
unter	*lalo*
unvergeßlich	*poina ʻole*
uralt	*kahiko*
Vater	*makuakāne*
Veranda	*lānai*
Verantwortung	*kuleana*
verboten	*kapu*
verfault	*pilau*
vergessen	*poina*
vergrößern	*hoʻonui*
verlassen	*waiho*
verrückt	*pūpule*
verschönern	*hoʻonani*
Vetter, Cousine	*hoahānau*
vielen Dank	*mahalo*
vier	*hā, ʻehā*

Vogel	*manu*
völlig zufrieden	*mā'ana, mā'ona*
von	*mai*
von	*a, o*
vorne	*mua*
Vorspeisen	*pūpū*
warm	*pumehana*
warten	*kali*
was?	*aha*
Wasser	*wai*
Wasserfall	*wailele*
Wasserpflanze	*limu*
Wasserquelle	*pūnāwai*
weg	*aku*
Weg	*ala*
weiblich	*wahine*
Weihnachten	*Kalikimaka*
Wein	*waina*
weiß	*kea*
wer	*wai*
wie viele	*hia*
wie geht's	*pehea'oe*
wieder (tu es)	*hanahou*
Refrain	*ha'ina mai ka puana*
willkommen	*aloha*
Wind	*makani*
wir (2, exklusiv)	*māua*
wir (2, inklusiv)	*kāua*
wir (pl., inklusiv)	*kākou*
wir (pl., exklusiv)	*mākou*

wo	*hea*
Wolke	*ao*
wollen	*makemake*
Yamswurzel	*uhi*
Zahn	*niho*
zehn	*'umi*
zehn Cents	*kenikeni*
Zeit	*manawa*
Ziege	*kao*
zurückkehren	*ho'i mai*
zwei	*lua, 'elua*

Weiterführende Literatur

Wenn Sie noch mehr über die hawaiianische Sprache wissen möchten, empfehlen wir Ihnen folgende Bücher:

The Voices of Eden: A History of Hawaiian Language Studies, Albert J. Schütz. Honolulu: University of Hawai'i Press, 1994.

Hawaiian Dictionary, Mary Kawena Pukui und Samuel H. Elbert. Honolulu: University of Hawai'i Press, 1986.

New Pocket Hawaiian Dictionary, Mary Kawena Pukui und Samuel H. Elbert. Honolulu University of Hawai'i Press, 1992.

Place Names of Hawai'i, Mary Kawena Pukui, Samuel H. Elbert und Esther T. Mookini. Honolulu: University of Hawai'i Press 1974.

Pocket Place Names of Hawai'i, Mary Kawena Pukui, Samuel H. Elbert und Esther T. Mookini. Honolulu: University of Hawai'i Press, 1989.

Hawaiian Street Names, Rich Budnick and Duke Kalani Wise. Honolulu: Aloha Publishing, 1989.

Nā Mele o Hawai'i Nei: 101 Hawaiian Songs, Samuel H. Elbert und Noelani Mahoe. Honolulu: University of Hawai'i Press, 1992.

Ka Lei Ha'aheo: Beginning Hawaiian, Alberta Pualani Hopkins. Honolulu: University of Hawai'i Press, 1992.

Learn Hawaiian at Home, Kahikāhealani Wight. Honolulu: Bess Press, 1992.

The Hawaiian Sentence Book, Robert Lokoma'iokalani Snakenberg. Honolulu: Bess Press, 1988.

Über die Hawaiische Sprache, Adelbert von Chamisso. Vorgelegt der Königlichen Akademie der Wissenschaften zu Berlin am 12. Januar 1837. Leipzig: Weidmannischen. Faksimile Ausgabe, kommentiert von Samuel H. Elbert, Amsterdam: Halcyon Antiquariaat,1969.

ALOHA!

(das heißt auch: Auf Wiedersehen)

DER AUTOR

Albert J. Schütz erlangte seinen Dr. phil. an der Cornell Universität. Er ist heute als Professor für Linguistik an der Universität von Hawai'i tätig. Von ihm stammen mehrere Bücher über die Sprache der Fiji-Inseln, unter anderem eine Referenzgrammatik der Standardsprache, und zahlreiche Artikel über die sprachwissenschaftliche Geschichte des pazifischen Raumes. Seine wissenschaftlichen Untersuchungen der fijianischen Sprache regten ihn an, auch die hawaiianische Sprache aus einem andereren Blickwinkel zu betrachten. Die Veröffentlichung seines Buches: *Voices of Eden: A History of Hawaiian Language Studies* bildet den Höhepunkt dieser Arbeiten.